GEMEINSAME FEIER DER KIRCHLICHEN TRAUUNG

GEMEINSAME FEIER DER KIRCHLICHEN TRAUUNG

Ordnung der kirchlichen Trauung
für konfessionsverschiedene Paare
unter Beteiligung der zur Trauung Berechtigten
beider Kirchen

herausgegeben
von der Deutschen Bischofskonferenz
und dem Rat der Evangelischen Kirche in Deutschland

Evangelische Verlagsanstalt Leipzig
Verlag Herder Freiburg
Lutherisches Verlagshaus Hannover
Verlag Friedrich Pustet Regensburg

Die Deutsche Bibliothek – CIP-Einheitsaufnahme

Gemeinsame Feier der kirchlichen Trauung : Ordnung der kirchlichen Trauung für konfessionsverschiedene Paare unter Beteiligung der zur Trauung Berechtigten beider Kirchen / hrsg. von der Deutschen Bischofskonferenz und dem Rat der Evangelischen Kirche in Deutschland. – Leipzig : Evang. Verl.-Anst. ; Freiburg [Breisgau] : Herder ; Hannover : Luth. Verl.-Haus ; Regensburg : Pustet, 1995

2. Auflage 1997

Evangelische Verlagsanstalt, Leipzig 3-374-01566-2
Verlag Herder, Freiburg 3-451-23525-0
Lutherisches Verlagshaus, Hannover 3-7859-0700-1
Verlag Friedrich Pustet, Regensburg 3-7917-1434-1

Gesamtherstellung: Friedrich Pustet, Regensburg

INHALT

VORBEMERKUNG

Trauungen konfessionsverschiedener Paare erfolgen in der Regel nach der Ordnung der Kirche, in der nach der Entscheidung des Brautpaares die kirchliche Trauung stattfindet.

Nicht wenige Paare wünschen die Beteiligung der Pfarrer beider Kirchen (ggf. evangelisch: der Pfarrerin) an ihrer Trauung. Im Jahre 1970 trafen die Deutsche Bischofskonferenz und der Rat der Evangelischen Kirche in Deutschland die Übereinkunft, für diesen Fall durch eine gemeinsame Kommission zwei Ordnungen erarbeiten zu lassen, von denen die eine dem katholischen, die andere dem evangelischen Trauritus folgt. Die evangelische Ordnung ist für die Trauung in einer evangelischen Kirche, die katholische Ordnung für die Trauung in einer katholischen Kirche gedacht.

Die hier vorgelegte neue Bearbeitung wurde notwendig durch die neueren Trauagenden in der evangelischen Kirche und den Trauritus der katholischen Kirche von 1992. Dabei wurden bewährte Prinzipien der ersten Ausgabe von 1971 beibehalten, aber auch inzwischen gemachte Erfahrungen berücksichtigt.

HINWEISE

FÜR BEIDE ORDNUNGEN

1. In beiden Ordnungen sind für alle, die in ihrer Kirche berechtigt sind, eine Trauung zu halten, Abkürzungen verwendet, da eine vollständige Aufzählung der Trauungsberechtigten beider Kirchen den Text unübersichtlich macht. Demnach bedeutet: KP (katholisch): Pfarrer, Kaplan, Vikar, Ordenspriester, Diakon u. a.; EP (evangelisch): Pfarrerin, Pfarrer, Vikarin, Vikar, Pfarrdiakonin, Pfarrdiakon, beauftragte Prädikantinnen, Prädikanten u. a.

2. Es ist sehr zu empfehlen, daß die beiden Pfarrer (ggf. evangelisch: die Pfarrerin) ein gemeinsames Vorbereitungsgespräch mit den Brautleuten führen. Dabei sollten frühzeitig Vereinbarungen getroffen werden über die Gestaltung der Feier, insbesondere die Beteiligung der Gemeinde, über die frei zu wählenden Schriftlesungen, Gebetstexte und Lieder.

3. Die beteiligten Pfarrer (ggf. evangelisch: die Pfarrerin) tragen die in ihrer Kirche vorgeschriebene liturgische Kleidung.

4. Es wird den Pfarrern (ggf. evangelisch: der Pfarrerin) empfohlen, sich bei den Predigttexten an die in ihren Kirchen geltenden und eingeführten Bibelübersetzungen zu halten, wenn nicht der Text der Einheitsübersetzung (Neues Testament und Psalmen sind ökumenischer Text) zugrunde gelegt wird.

5. Die in beiden Ordnungen vorgesehenen Formen der Anrede (Du, Sie) können je nach dem Herkommen und den Verhältnissen geändert werden.
Für N. und N. N. sind je nach Situation Vornamen, Nachnamen, gegebenenfalls zusätzlich der Geburtsname, einzusetzen.

6. Dem in Deutschland üblichen Sprachgebrauch gemäß wird in beiden Ordnungen durchgängig die Bezeichnung Brautleute bzw. Brautpaar gebraucht.

7. Die Buchstaben A, B und C bezeichnen Texte, die alternativ zu verwenden sind.

FÜR DIE EVANGELISCHE ORDNUNG

8. Da in den Gliedkirchen der Evangelischen Kirche in Deutschland verschiedene Trauliturgien gelten, folgt die evangelische Trauordnung im wesentlichen der Trauliturgie der Vereinigten Evangelisch-Lutherischen Kirche Deutschlands von 1988, die in der EKD weite Verbreitung gefunden hat. Bei Trauungen ohne Beteiligung eines katholischen Pfarrers gelten die landeskirchlichen Ordnungen.

9. Für die liturgischen Gebärden (z. B. Kreuzeszeichen) und das Verhalten des Paares (z. B. Knien) werden in den Ordnungen entsprechende Hinweise gegeben. Wo es angezeigt ist, kann nach örtlichem Brauch abweichend verfahren werden.

10. Die Psalmtexte sind im Wortlaut der ökumenischen Bibelübersetzung, das Gloria Patri ist in der gemeinsamen deutschen Fassung abgedruckt.

FÜR DIE KATHOLISCHE ORDNUNG

11. Der katholischen Ordnung liegt zugrunde »Die Feier der Trauung in einem Wortgottesdienst« aus dem Trauungsrituale »Die Feier der Trauung in den katholischen Bistümern des deutschen Sprachgebietes« von 1992. Sie wurde im Hinblick auf die Situation einer gemeinsamen kirchlichen Trauung in einigen Punkten ergänzt.

GEMEINSAME FEIER DER KIRCHLICHEN TRAUUNG

**in einer evangelischen Kirche
unter Beteiligung des katholischen Pfarrers**

ÜBERSICHT

Eröffnung

Empfang des Brautpaares
Einzug
Lied der Gemeinde
Gruß
Einführung
Psalmgebet/Eingangsgebet

Verkündigung – Bekenntnis – Segnung

Schriftlesung
Predigt
[Lied der Gemeinde]
Gottes Wort für die Ehe
Traubekenntnis
Übergabe der Ringe und Handreichung
Segnung
Lied der Gemeinde

Sendung

Fürbitten
Gebet des Herrn
[Lied der Gemeinde]
Überreichung von Gaben
Segen
Auszug

ERÖFFNUNG

EMPFANG DES BRAUTPAARES

Wenn die Gemeinde versammelt und das Brautpaar eingetroffen ist, begeben sich EP und KP zum Kircheneingang. Zunächst begrüßt EP, dann KP die Brautleute und die am Einzug Teilnehmenden in freier Weise.

EINZUG

Der gemeinsame Einzug wird nach Möglichkeit von festlicher Musik (Orgelmusik, andere Instrumentalmusik) begleitet.

LIED DER GEMEINDE

Wenn alle Platz genommen haben, wird der Traugottesdienst mit einem Lied der Gemeinde eröffnet. Dann treten EP und KP zum Altar. Das Lied kann auch erst nach der Einführung gesungen werden.

GRUSS

EP grüßt die Gemeinde:

Der Friede des Herrn sei mit euch allen.
Gemeinde: Und mit deinem Geist.

EINFÜHRUNG

Dann führt EP in die Feier ein. Dies kann mit den folgenden oder ähnlichen Worten geschehen:

Liebe Brautleute!
Wir begrüßen Sie in unserer Mitte und heißen Sie willkommen zur gemeinsamen kirchlichen Trauung in unserer Kirche Sankt ... (in unserer ...-Kirche).
Sie sind beide getauft auf den Namen des Dreieinigen Gottes und damit Glieder der Kirche geworden. Daß sie zu Gemeinden verschiedener Konfessionen gehören, macht uns schmerzlich bewußt, daß die Kirche Jesu Christi noch nicht geeint ist.
Mit der gemeinsamen Trauung am Beginn Ihrer Ehe setzen Sie ein Zeichen der Hoffnung: Auf Ihrem gemeinsamen Lebensweg werden Sie immer wieder danach streben, eins zu sein im Glauben, in geduldiger Liebe und im Vertrauen auf die Kraft des Geistes, der von Gott kommt.
In gleicher Weise, liebe Gemeinde, sollen auch wir alle miteinander umgehen und beharrlich suchen, was uns verheißen ist: daß alle eins sind unter dem einen Herrn Jesus Christus.
So feiern wir diesen Traugottesdienst im Namen des Vaters und des Sohnes und des Heiligen Geistes.
Gemeinde: Amen.

PSALMGEBET/EINGANGSGEBET

KP spricht:

A

Laßt uns beten mit den Worten des 36. Psalms:
Herr, deine Güte reicht, so weit der Himmel ist,

deine Treue, so weit die Wolken ziehn.
Deine Gerechtigkeit steht wie die Berge Gottes,
deine Urteile sind tief wie das Meer.
Herr, du hilfst Menschen und Tieren.
Gott, wie köstlich ist deine Huld!
Die Menschen bergen sich im Schatten deiner Flügel,
sie laben sich am Reichtum deines Hauses;
du tränkst sie mit dem Strom deiner Wonnen.
Denn bei dir ist die Quelle des Lebens,
in deinem Licht schauen wir das Licht.
Ehre sei dem Vater und dem Sohn und dem Heiligen Geist,
wie im Anfang, so auch jetzt und alle Zeit und in Ewigkeit.

Psalm 36,6–10

Gemeinde: Amen.

B

Laßt uns beten mit den Worten des 86. Psalms:
Herr, du bist gütig und bereit zu verzeihen,
für alle, die zu dir rufen, reich an Gnade.
Herr, vernimm mein Beten,
achte auf mein lautes Flehen!
Weise mir, Herr, deinen Weg;
ich will ihn gehen in Treue zu dir.
Richte mein Herz darauf hin,
allein deinen Namen zu fürchten!
Ich will dir danken, Herr, mein Gott, aus ganzem Herzen,
will deinen Namen ehren immer und ewig.

Ehre sei dem Vater und dem Sohn und dem Heiligen Geist,
wie im Anfang, so auch jetzt und alle Zeit und in Ewigkeit.

Psalm 86,5–6.11–12

Gemeinde: Amen.

Oder ein anderer Psalm oder (und) das folgende Gebet:

Laßt uns beten.
Allmächtiger Gott und Vater. Du hast Mann und Frau füreinander geschaffen und der Ehe deinen Segen verheißen. Wir bitten dich: Laß diese Brautleute deine Güte erkennen, damit sie ihre Ehe im Vertrauen auf deine Verheißung beginnen und führen. Darum bitten wir durch Jesus Christus, unsern Herrn.
Gemeinde: Amen.

Oder mit eigenen Worten.

VERKÜNDIGUNG – BEKENNTNIS – SEGNUNG

SCHRIFTLESUNG

Die Lesung, die den Predigttext enthält oder auf ihn hinführt, soll von einem Gemeindeglied, kann aber auch vom EP ausgeführt werden. Lesungen zur Auswahl siehe Seite 64.

PREDIGT

KP hält die Traupredigt.

LIED DER GEMEINDE

Nach der Predigt kann die Gemeinde ein Lied singen. An seine Stelle kann auch geeignete Musik treten. Das Brautpaar erhebt sich und tritt vor den Altar.

GOTTES WORT FÜR DIE EHE

Die folgenden biblischen Texte werden von EP und KP abwechselnd gelesen. Zunächst spricht EP:

Hört Gottes Wort für die Ehe:
Gott hat von Anfang an Mann und Frau füreinander geschaffen. Das bezeugt die Heilige Schrift [im 1. Buch Mose im 2. und 1. Kapitel] mit den Worten:
Gott der Herr sprach: »Es ist nicht gut, daß der Mensch allein sei; ich will ihm eine Gehilfin machen, die um ihn sei.«

1. Mose 2,18

Gott schuf den Menschen zu seinem Bilde, zum Bilde Gottes schuf er ihn; und schuf sie als Mann und Frau. Und Gott segnete sie und sprach zu ihnen: »Seid fruchtbar und mehret euch und füllet die Erde und machet sie euch untertan.« Und Gott sah an alles, was er gemacht hatte, und siehe, es war sehr gut.

1. Mose 1,27–28a.31a

Dann fährt KP fort:

Über die Gemeinschaft in der Ehe sagt Jesus [im Evangelium des Matthäus im 19. Kapitel]:

Gott, der im Anfang den Menschen geschaffen hat, schuf sie als Mann und Frau und sprach: »Darum wird ein Mann Vater und Mutter verlassen und an seiner Frau hängen, und die zwei werden ein Fleisch sein.« So sind sie nun nicht mehr zwei, sondern ein Fleisch. Was nun Gott zusammengefügt hat, das soll der Mensch nicht scheiden.

Matthäus 19,4–6

EP fährt fort:

Was der Apostel allen Christen sagt, gilt auch für das Leben in der Ehe. [So steht geschrieben im Brief an die Kolosser im 3. Kapitel:]
Zieht nun an als die Auserwählten Gottes, als die Heiligen und Geliebten, herzliches Erbarmen, Freundlichkeit, Demut, Sanftmut, Geduld; und ertrage einer den andern und vergebt euch untereinander, wenn jemand Klage hat gegen den andern; wie der Herr euch vergeben hat, so vergebt auch ihr! Über alles aber zieht an die Liebe, die da ist das Band der Vollkommenheit. Und der Friede Christi, zu dem ihr auch berufen seid in einem Leibe, regiere in euren Herzen; und seid dankbar. Laßt das Wort Christi reichlich unter euch wohnen. Und alles, was ihr tut mit Worten oder mit Werken, das tut alles im Namen des Herrn Jesus, und dankt Gott, dem Vater, durch ihn.

Kolosser 3,12–16a.17

KP übernimmt den Abschluß:

[So steht geschrieben im Brief an die Römer im 15. Kapitel:]
Der Gott der Geduld und des Trostes gebe euch, daß ihr einträchtig gesinnt seid untereinander, Christus Jesus ge-

mäß, damit ihr einmütig, mit einem Munde Gott lobt, den Vater unseres Herrn Jesus Christus. Darum nehmt einander an, wie Christus euch angenommen hat zu Gottes Lob.

Römer 15,5–7

TRAUBEKENNTNIS

A

(TRAUFRAGEN)

EP leitet die Traufragen ein:

Mit diesen Worten bezeugt die Heilige Schrift, daß die Ehe eine gute Gabe Gottes ist. Auch eure Ehe will Gott schützen und segnen. So frage ich euch vor Gott und dieser Gemeinde:

EP wendet sich an den Bräutigam:

N. N., willst du N. N., die Gott dir anvertraut, als deine Ehefrau lieben und ehren und die Ehe mit ihr nach Gottes Gebot und Verheißung führen – in guten und in bösen Tagen –, bis der Tod euch scheidet, so antworte: Ja, mit Gottes Hilfe.

Bräutigam: Ja, mit Gottes Hilfe.

Dann wendet sich EP an die Braut:

Ebenso frage ich dich, N. N., willst du N. N., den Gott dir anvertraut, als deinen Ehemann lieben und ehren und die Ehe mit ihm nach Gottes Gebot und Verheißung führen – in

guten und in bösen Tagen –, bis der Tod euch scheidet, so antworte: Ja, mit Gottes Hilfe.
Braut: Ja, mit Gottes Hilfe.

B

(TRAUERKLÄRUNG)

EP leitet die Trauerklärung ein:

Mit diesen Worten bezeugt die Heilige Schrift, daß die Ehe eine gute Gabe Gottes ist. Gott vertraut euch einander an. Er will eure Ehe schützen und segnen. So bekennt euch nun dazu vor Gott und dieser Gemeinde:
Die folgenden Worte können, wo es gewünscht wird, dem Bräutigam und der Braut abschnittsweise vorgesprochen werden. Die Brautleute wenden sich einander zu.
Zunächst spricht der Bräutigam:

N., ich nehme dich als meine Ehefrau aus Gottes Hand./ Ich will dich lieben und achten,/ dir vertrauen und treu sein./ Ich will dir helfen und für dich sorgen./ Ich will dir vergeben, wie Gott uns vergibt./ Ich will zusammen mit dir Gott und den Menschen dienen./ Solange wir leben./ Dazu helfe mir Gott.
Dann spricht die Braut:

N., ich nehme dich als meinen Ehemann aus Gottes Hand./ Ich will dich lieben und achten,/ dir vertrauen und treu sein./ Ich will dir helfen und für dich sorgen./ Ich will dir vergeben, wie Gott uns vergibt./ Ich will zusammen mit dir Gott und den Menschen dienen./ Solange wir leben./ Dazu helfe mir Gott.

ÜBERGABE DER RINGE UND HANDREICHUNG

EP spricht:

Gebt einander die Ringe als Zeichen eurer Liebe und Treue.

Bräutigam und Braut wenden sich einander zu und wechseln die Trauringe. Dann fährt EP fort:

Reicht einander die rechte Hand.

Die Brautleute geben einander die rechte Hand.
EP und KP legen ihre rechte Hand nebeneinander auf die zusammengelegten Hände.
KP spricht:

Gott, der Herr, hat euch als Mann und Frau verbunden. Er ist treu. Er wird zu euch stehen und das Gute, das er begonnen hat, vollenden.

EP schließt mit den Worten:

Was Gott zusammengefügt hat, das soll der Mensch nicht scheiden.

SEGNUNG

EP spricht zum Brautpaar:

Kniet nieder, daß wir für euch beten und euch den Segen Gottes zusprechen.

Die Brautleute knien nieder.

A

(SEGENSGEBET)

EP spricht:

Laßt uns beten, daß Gott dieses Paar mit der Fülle seines Segens beschenke.

Beim folgenden Gebet strecken EP und KP ihre Arme über die Brautleute aus.

Gott, unser Vater, du willst, daß Mann und Frau in der Ehe eins werden. Wir bitten dich für N. und N. N.: Gib ihnen den Heiligen Geist, daß sie ihr gemeinsames Leben nach deinem Willen gestalten.
Schenke ihnen festen Glauben, beständige Liebe und unbeirrbare Hoffnung. Segne sie, daß sie einander lieben und gemeinsam dich loben.

EP und KP beschließen das Segensgebet und sprechen gemeinsam:

Das bitten wir durch Jesus Christus, deinen Sohn, unsern Herrn.

Gemeinde: Amen.

B

(GEBET MIT SEGENSFORMEL)

EP beginnt:

Laßt uns beten, daß Gott dieses Paar mit der Fülle seines Segens beschenke.

Es folgt eine Gebetsstille. Dann spricht EP:

Gott, unser Vater, Schöpfer der Welt. Du hast Mann und Frau nach deinem Bilde geschaffen und ihre Gemeinschaft gesegnet. Wir bitten dich für N. und N. N.: Stärke sie durch die Kraft des Heiligen Geistes, daß ihre Liebe beständig sei.

KP betet weiter:

Gib ihnen die Gnade, daß sie in frohen Tagen dich loben, bei dir Trost finden in der Trauer, deine Hilfe spüren in der Not und bei all ihrem Tun deine Nähe erfahren. Steh ihnen bei, daß sie dir in der Gemeinschaft der Kirche danken und in der Welt Zeugnis für dich geben. Gib ihnen ein erfülltes Leben mit ihren Verwandten und Freunden und führe sie nach dieser Zeit zum ewigen Hochzeitsmahl. Dir sei Ehre in Ewigkeit.

EP und KP strecken ihre Arme über die Brautleute, und EP spricht die Segensformel:

Der Segen Gottes, des Vaters und des Sohnes und des Heiligen Geistes komme über euch und bleibe bei euch jetzt und allezeit.

Bei den folgenden Worten machen EP und KP das Kreuzeszeichen.

Friede + sei mit euch.

Gemeinde: Amen.

Das Paar erhebt sich und begibt sich an seinen Platz.

LIED DER GEMEINDE

Nach der Segnung singt die Gemeinde ein Lied. An seine Stelle kann auch geeignete Musik treten.

SENDUNG

FÜRBITTEN

Die folgenden Texte sind als Beispiele gedacht. An der Vorbereitung der Fürbitten können die Brautleute beteiligt werden. Die einzelnen Bitten können abwechselnd von Gemeindegliedern oder auch von EP und KP gesprochen werden. Im Rahmen der Fürbitten kann eine Gebetsstille gehalten werden.

A

Einleitung und Abschluß des Fürbittengebets übernimmt EP. Die einzelnen Fürbitten können von Gemeindegliedern gesprochen werden.
EP leitet das Gebet ein:

Laßt uns beten zu Gott, unserm Vater, zu Gott, der die Liebe ist:

- **Für diese Eheleute, daß sie glücklich werden in ihrer Ehe; daß ihr gemeinsames Leben voll Freude sei; daß ihre Liebe wachse durch die Jahre ihres Lebens; daß sie auch in Stunden der Einsamkeit und der Enttäuschung füreinander da sind und immer wieder neu zueinanderfinden.**
  Wir bitten Gott:

Gemeinde: **Herr, erhöre uns.**

- **Für alle, die diese beiden Menschen bis heute begleitet haben, für ihre Eltern, die ihnen das Leben gaben, für ihre Familie, in der sie aufwuchsen, für alle, die ihnen in Freundschaft verbunden sind, und für alle, die in ihnen den Glauben geweckt und gestärkt haben, daß Gott sie in seiner Güte bewahre ihr Leben lang.**

Wir bitten Gott:

Gemeinde: Herr, erhöre uns.

– Für alle, die sich ihr Jawort zur Ehe gegeben haben, daß sie in Freude und Leid zusammenstehen und miteinander die Lasten des Lebens tragen.
  Wir bitten Gott:

Gemeinde: Herr, erhöre uns.

– Für die Eheleute, die es schwer miteinander haben; die sich fremd geworden sind und die mit der Enttäuschung ringen; daß sie nicht aufhören, einander zu suchen; daß sie Verständnis und Geduld füreinander aufbringen und an der Hoffnung festhalten.
  Wir bitten Gott:

Gemeinde: Herr, erhöre uns.

EP schließt das Gebet ab:

Herr, unser Gott, es ist dein Werk – ein Werk, das dich verherrlicht, daß es in dieser Welt Liebe gibt und daß Menschen in Liebe zueinanderfinden. Wir bitten dich: Halte unser Herz offen für die Botschaft deines Sohnes, unseres Herrn Jesus Christus, der uns gesagt und gezeigt hat, daß du die Liebe bist in alle Ewigkeit.

Gemeinde: Amen.

B

EP leitet das Fürbittengebet ein:

Laßt uns miteinander und füreinander beten:

Eltern, Angehörige oder Freunde übernehmen einzelne Bitten:

- Für N. und N. N., daß ihre Liebe immer wieder erneuert werde.
- Daß Gott ihnen auch in schwierigen Zeiten die Kraft gebe, füreinander da zu sein.
- Daß sie in Konflikten Lösungen finden, die ihre Gemeinschaft vertiefen.
- Daß Gott sie gesund erhalte und glücklich mache.
- Daß Gott sie stärke für ihre Aufgaben in Familie und Beruf.

EP spricht: Laßt uns Gott bitten:

Gemeinde: Herr, erhöre uns.

Bräutigam:

Für unsere Eltern und Geschwister, für unsere Verwandten und Angehörigen, daß wir zusammenstehen in den Aufgaben, die auf uns zukommen.

Braut:

Für unsere Freunde und für alle, die mit uns feiern, daß wir aufeinander hören und einander verbunden bleiben.

EP spricht: Laßt uns Gott bitten:

Gemeinde: Herr, erhöre uns.

Weitere Gemeindeglieder übernehmen einzelne Bitten:

- Für alle Eheleute, die glücklichen und die unglücklichen, daß sie an Herausforderungen wachsen und nicht daran zerbrechen.
- Für die jungen Menschen in unserer Mitte, daß ihr Weg zur Partnerschaft gelinge.
- Für die Alleinlebenden, Alten und Kranken, daß ihre Hoffnung nicht erlahme.
- Für den Frieden unter den Völkern und die Einheit der Kirche.

EP spricht: Laßt uns Gott bitten.
Gemeinde: Herr, erhöre uns.
KP betet zum Abschluß:

Herr, unser Gott, deine Güte ist größer als unser Herz. Laß uns alle erfahren, daß du mehr schenkst, als wir uns erhoffen. Darum bitten wir dich durch Christus, unsern Herrn.
Gemeinde: Amen.

C

EP beginnt:

Herr, unser Gott, wir danken dir: Du führst Mann und Frau zueinander und verbindest sie in der Ehe. Du segnest ihre Gemeinschaft und läßt neues Leben aus ihr erwachsen. Du schenkst uns Geborgenheit in unserer Familie.
KP betet weiter:

Wir bitten dich für Verheiratete und Unverheiratete: Gib allen Menschen, was sie brauchen und erhoffen. Bleibe uns nahe in deinem Wort. Gib Mut, Geduld und Zuversicht. Bewahre uns vor Eigensucht und Undankbarkeit, vor Leichtsinn und Untreue. Tröste die Enttäuschten und Verlassenen. Laß die Verwitweten nicht allein.
EP schließt das Gebet ab:

Herr, was du geschaffen hast, ist gut. Hilf uns, es recht zu gebrauchen. Wir bitten dich im Vertrauen auf deinen Sohn Jesus Christus, unsern Herrn.
Gemeinde: Amen.

GEBET DES HERRN

Auf die Einladung von KP sprechen nun alle gemeinsam das Gebet des Herrn, das mit folgenden oder ähnlichen Worten eingeleitet wird:

Laßt uns gemeinsam beten, wie der Herr uns zu beten gelehrt hat.

Alle: **Vater unser im Himmel.**
Geheiligt werde dein Name.
Dein Reich komme.
Dein Wille geschehe,
wie im Himmel so auf Erden.
Unser tägliches Brot gib uns heute.
Und vergib uns unsere Schuld,
wie auch wir vergeben unsern Schuldigern.
Und führe uns nicht in Versuchung,
sondern erlöse uns von dem Bösen.
Denn dein ist das Reich und die Kraft
und die Herrlichkeit in Ewigkeit. Amen.

LIED DER GEMEINDE

Danach kann die Gemeinde ein Lied singen.

ÜBERREICHUNG VON GABEN

Hier kann eine Traubibel, eine Hochzeitskerze oder eine andere Gabe überreicht werden. Anschließend kann sich EP den Brautleuten mit einem kurzen geistlichen Wort zuwenden, das auf den Segen hinführt.

SEGEN

EP spricht:

Der Herr segne euch und behüte euch. Der Herr lasse leuchten sein Angesicht über euch und sei euch gnädig. Der Herr erhebe sein Angesicht auf euch und gebe euch Frieden.

EP und KP erheben die Hände, sprechen gemeinsam und machen das Kreuzeszeichen:

Es segne und behüte euch der allmächtige und barmherzige Gott, + der Vater, der Sohn und der Heilige Geist.

Gemeinde: **Amen.**

AUSZUG

Der gemeinsame Auszug wird von festlicher Musik begleitet.

GEMEINSAME FEIER DER KIRCHLICHEN TRAUUNG

**in einer katholischen Kirche
unter Beteiligung
des evangelischen Pfarrers/der evangelischen Pfarrerin**

ÜBERSICHT

Eröffnung

Empfang des Brautpaares
Einzug
Lied der Gemeinde
Einführung
Eröffnungsgebet

Wortgottesdienst

Lesungen und Gesänge zu den Lesungen
Homilie
[Lied der Gemeinde]

Trauung

Befragung der Brautleute
Segnung der Ringe
Vermählung

Bestätigung der Vermählung
Feierlicher Trauungssegen
[Lied der Gemeinde]
Fürbitten
Gebet des Herrn
[Lied der Gemeinde]
Schlußgebet

Abschluß

Überreichung von Gaben
Schlußsegen
Entlassung
Auszug

ERÖFFNUNG

EMPFANG DES BRAUTPAARES

1. In der Regel begeben sich KP und EP mit den Ministranten zum Portal der Kirche. Zunächst begrüßt KP, dann EP die Brautleute, die Trauzeugen / Trauzeuginnen und die Hochzeitsgäste.

2. Vor dem gemeinsamen Einzug in die Kirche kann KP Braut und Bräutigam zur Erinnerung an ihre Taufe Weihwasser reichen. Das Taufgedächtnis kann auch nach dem Einzug in die Kirche vollzogen werden.
KP spricht:

Am Beginn Ihrer Hochzeitsfeier wollen wir der Taufe gedenken, die uns zu Christen gemacht und auf den Weg gerufen hat, den Sie von jetzt an gemeinsam gehen werden. Wir besprengen uns dazu mit Weihwasser und bitten Gott, er möge in allen die Gnade der Taufe erneuern.

3. Beim Austeilen des Weihwassers kann er sprechen:

Ihr seid ein auserwähltes Geschlecht,
eine königliche Priesterschaft, ein heiliges Volk.
Verkündet die großen Taten dessen,
der euch aus der Finsternis
in sein wunderbares Licht gerufen hat. (vgl. 1. Petrus 2,9)

EINZUG

4. Der gemeinsame Einzug wird nach Möglichkeit von festlicher Musik (Orgelmusik, andere Instrumentalmusik) oder vom Eröffnungsgesang begleitet.

LIED DER GEMEINDE

5. Die Gemeinde singt ein Lied zur Eröffnung, wenn es noch nicht beim Einzug gesungen wurde.

EINFÜHRUNG

6. KP begrüßt das Brautpaar und die Gemeinde und führt in die Feier ein. Er kann dies mit folgenden oder ähnlichen Worten tun:

Liebe Brautleute!
Wir begrüßen Sie in unserer Mitte und heißen Sie willkommen zur gemeinsamen kirchlichen Trauung in unserer Kirche Sankt ... (in unserer ...-Kirche).
Sie sind beide getauft auf den Namen des Dreieinigen Gottes und damit Glieder der Kirche geworden. Daß Sie zu Gemeinden verschiedener Konfession gehören, macht uns schmerzlich bewußt, daß die Kirche Jesu Christi noch nicht geeint ist.
Mit der gemeinsamen Trauung am Beginn Ihrer Ehe setzen Sie ein Zeichen der Hoffnung: Auf Ihrem gemeinsamen Lebensweg werden Sie immer wieder danach streben, eins zu sein im Glauben, in geduldiger Liebe und im Vertrauen auf die Kraft des Geistes, der von Gott kommt.
In gleicher Weise, liebe Gemeinde, sollen auch wir alle miteinander umgehen und beharrlich suchen, was uns verheißen ist: daß alle eins sind unter dem einen Herrn Jesus Christus.
So feiern wir diesen Trauungsgottesdienst im Namen des Vaters und des Sohnes und des Heiligen Geistes.
Gemeinde: Amen.

ERÖFFNUNGSGEBET

7. Das Eröffnungsgebet wird von EP gesprochen. Der Text kann frei gewählt bzw. frei formuliert werden, gegebenenfalls in Anlehnung an einen der folgenden Texte.

A

Herr, unser Gott.
Komm unserem Beten und unserem Tun
mit deiner Gnade zuvor und begleite es,
damit alles, was wir beginnen,
bei dir seinen Anfang nehme
und durch dich vollendet werde.
Darum bitten wir durch Christus, unseren Herrn.
Alle: Amen.

B

Gütiger Gott,
du hast uns neu geschaffen in der Taufe
und führst uns durch das Wort des Lebens.
Gib, daß die Brautleute N. und N.
dein Wort mit lauterem Herzen aufnehmen
und ihre Ehe aus der Kraft der Taufe leben.
Laß sie den Weg der Wahrheit gehen
und im liebenden Dienst füreinander
zur Vollendung gelangen.
Darum bitten wir in der Gemeinschaft des Heiligen Geistes
durch Christus, unseren Herrn.
Alle: Amen.

C

Gott, du Ursprung des Lebens und der Liebe.
Schon in der Schöpfung hast du die eheliche Gemeinschaft
von Mann und Frau grundgelegt
und ihnen die Sorge für das Leben anvertraut.
Verbinde in dieser heiligen Feier
Braut und Bräutigam durch unzertrennliche Liebe
und mache sie so zu Zeugen deiner Güte,
die du uns erwiesen hast
in Jesus Christus, unserem Herrn.
Alle: Amen.

WORTGOTTESDIENST

LESUNGEN UND GESÄNGE ZU DEN LESUNGEN

8. Der Wortgottesdienst umfaßt wenigstens eine biblische Lesung (gegebenenfalls mit einem Gesang zur Lesung) und die Homilie. Der Text der Lesung(en) kann dem Verzeichnis im Anhang S. 64 oder dem Meßlektionar Band VII, S. 271–318 entnommen werden. Es können auch andere biblische Texte verwendet werden, die von den Brautleuten ausgewählt wurden oder denen der Trauspruch entnommen ist.
Werden zwei biblische Lesungen ausgewählt, wird die erste von einem Gemeindemitglied vorgetragen, das Evangelium von KP.

HOMILIE

9. Die Homilie hält EP.

LIED DER GEMEINDE

10. Nach der Homilie kann die Gemeinde ein Lied singen. An seine Stelle kann auch geeignete Musik treten.

TRAUUNG

BEFRAGUNG NACH DER BEREITSCHAFT ZUR CHRISTLICHEN EHE

11. KP lädt gegebenenfalls die Trauzeugen/Trauzeuginnen ein, heranzutreten. Dann wendet er sich mit folgenden oder ähnlichen Worten an die Brautleute:

Liebes Brautpaar!
Sie sind in dieser entscheidenden Stunde Ihres Lebens nicht allein. Sie sind umgeben von Menschen, die Ihnen nahestehen. Sie dürfen die Gewißheit haben, daß Sie mit dieser (unserer) Gemeinde und mit allen Christen in der Gemeinschaft der Kirche verbunden sind. Zugleich sollen Sie wissen: Gott ist bei Ihnen. Er ist der Gott Ihres Lebens und Ihrer Liebe. Er heiligt Ihre Liebe und vereint Sie zu einem untrennbaren Lebensbund. Ich bitte Sie zuvor, öffentlich zu bekunden, daß Sie zu dieser christlichen Ehe entschlossen sind.

12. KP befragt die Brautleute nach ihrer Bereitschaft zur christlichen Ehe. Die dritte und die vierte Frage werden an beide Brautleute gemeinsam gestellt. Die dritte Frage unterbleibt, wenn es die Umstände, zum Beispiel das Alter der Brautleute, nahelegen.

13. KP fragt zuerst den Bräutigam:

N., ich frage Sie: Sind Sie hierhergekommen, um nach reiflicher Überlegung und aus freiem Entschluß mit Ihrer Braut N. den Bund der Ehe zu schließen?
Bräutigam: Ja.
KP: Wollen Sie Ihre Frau lieben und achten und ihr die Treue halten alle Tage ihres Lebens?
Bräutigam: Ja.

14. KP richtet dieselben Fragen an die Braut:

N., ich frage Sie: Sind Sie hierhergekommen, um nach reiflicher Überlegung und aus freiem Entschluß mit Ihrem Bräutigam N. den Bund der Ehe zu schließen?
Braut: Ja.
KP: Wollen Sie Ihren Mann lieben und achten und ihm die Treue halten alle Tage seines Lebens?
Braut: Ja.

15. Die folgenden Fragen richtet KP an beide Brautleute gemeinsam:

Sind Sie beide bereit, die Kinder anzunehmen, die Gott Ihnen schenken will, und sie im Geist Christi und seiner Kirche zu erziehen?
Braut und Bräutigam: Ja.

KP: Sind Sie beide bereit, als christliche Eheleute Mitverantwortung in der Kirche und in der Welt zu übernehmen?
Braut und Bräutigam: Ja.

SEGNUNG DER RINGE

16. Vor der Eheschließung werden die Ringe gesegnet.
KP wendet sich an die Brautleute mit folgenden oder ähnlichen Worten:
Sie sind also beide zur christlichen Ehe bereit. Bevor Sie den Bund der Ehe schließen, werden die Ringe gesegnet, die Sie einander anstecken werden.

17. Die Ringe werden vor den KP gebracht. Er spricht darüber eines der folgenden Segensgebete. Anschließend kann er die Ringe mit Weihwasser besprengen.

A

Herr und Gott, du bist menschlichen Augen verborgen, aber dennoch in unserer Welt zugegen. Wir danken dir, daß du uns deine Nähe schenkst, wo Menschen einander lieben. Segne + diese Ringe, segne diese Brautleute, die sie als Zeichen ihrer Liebe und Treue tragen werden. Laß in ihrer Gemeinschaft deine verborgene Gegenwart unter uns sichtbar werden. Darum bitten wir durch Christus, unseren Herrn.
Alle: Amen.

B

Treuer Gott, du hast mit uns einen unauflöslichen Bund geschlossen. Wir danken dir, daß du uns beistehst.

Segne + diese Ringe und verbinde die beiden, die sie tragen, in Liebe und Treue. Darum bitten wir durch Christus, unseren Herrn.
Alle: Amen.

C

Gepriesen bist du, Herr, unser Gott, denn deine Gnade durchwaltet das Leben der Menschen. Du hast diese Brautleute durch deinen Geist zusammengeführt. Segne + und behüte sie. Die Ringe, die sie tragen, mögen sie allezeit erinnern an die Liebe, die sie einander versprochen haben, und ein Zeichen ihrer Treue sein. Darum bitten wir dich durch Christus, unseren Herrn.
Alle: Amen.

VERMÄHLUNG

18. Die Brautleute können für die Erklärung des Ehewillens zwischen zwei Formen wählen: (A) dem Vermählungsspruch und (B) der Vermählung durch das Ja-Wort.
Beide Formen sind mit dem gegenseitigen Anstecken der Eheringe verbunden.

A

(VERMÄHLUNGSSPRUCH)

19. Wenn Bräutigam und Braut es wünschen, können sie den Vermählungsspruch auswendig sprechen. Der Vermählungsspruch kann aber auch wie eine Eidesformel in Absätzen vorgesprochen werden; die Brautleute sprechen die Teilsätze nach.

20. KP fordert die Brautleute auf, ihren Ehewillen zu erklären:

So schließen Sie jetzt vor Gott und vor der Kirche den Bund der Ehe, indem Sie das Vermählungswort sprechen. Dann stecken Sie einander den Ring der Treue an.

21. Die Brautleute wenden sich einander zu.
Der Bräutigam nimmt den Ring der Braut und spricht:

Bräutigam: N., vor Gottes Angesicht nehme ich dich an als meine Frau. Ich verspreche dir die Treue in guten und bösen Tagen, in Gesundheit und Krankheit, bis der Tod uns scheidet. Ich will dich lieben, achten und ehren alle Tage meines Lebens.

22. Der Bräutigam steckt der Braut den Ring an und spricht:

Bräutigam: Trag diesen Ring als Zeichen unsrer Liebe und Treue: Im Namen des Vaters und des Sohnes und des Heiligen Geistes.

23. Danach nimmt die Braut den Ring des Bräutigams und spricht:

Braut: N., vor Gottes Angesicht nehme ich dich an als meinen Mann. Ich verspreche dir die Treue in guten und bösen Tagen, in Gesundheit und Krankheit, bis der Tod uns scheidet. Ich will dich lieben, achten und ehren alle Tage meines Lebens.

24. Die Braut steckt dem Bräutigam den Ring an und spricht:

Braut: Trag diesen Ring als Zeichen unsrer Liebe und Treue: Im Namen des Vaters und des Sohnes und des Heiligen Geistes.

B

(VERMÄHLUNG DURCH DAS JA-WORT)

25. KP fordert die Brautleute auf, durch das Ja-Wort ihren Ehewillen zu erklären:

So schließen Sie jetzt vor Gott und vor der Kirche den Bund der Ehe, indem sie das Ja-Wort sprechen. Dann stecken Sie einander den Ring der Treue an.

26. KP fragt zuerst den Bräutigam:

N., ich frage Sie vor Gottes Angesicht:
Nehmen Sie Ihre Braut N. an als Ihre Frau und versprechen Sie, ihr die Treue zu halten in guten und bösen Tagen, in Gesundheit und Krankheit, und sie zu lieben, zu achten und zu ehren, bis der Tod Sie scheidet?
(Dann sprechen Sie: Ja.)
Bräutigam: Ja.

27. KP fordert den Bräutigam auf:

Nehmen Sie den Ring, das Zeichen Ihrer Liebe und Treue, stecken Sie ihn an die Hand Ihrer Braut und sprechen Sie: »Im Namen des Vaters und des Sohnes und des Heiligen Geistes«.

28. Der Bräutigam nimmt den Ring, steckt ihn der Braut an und spricht:

Bräutigam: Im Namen des Vaters und des Sohnes und des Heiligen Geistes.

29. KP fragt nun die Braut:

N., ich frage Sie vor Gottes Angesicht:
Nehmen Sie Ihren Bräutigam N. an als Ihren Mann und versprechen Sie, ihm die Treue zu halten in guten und in bösen Tagen, in Gesundheit und Krankheit, und ihn zu lieben, zu achten und zu ehren, bis der Tod Sie scheidet?
(Dann sprechen Sie: Ja.)
Braut: Ja.

30. KP fordert die Braut auf:

Nehmen Sie den Ring, das Zeichen Ihrer Liebe und Treue, stecken Sie ihn an die Hand Ihres Bräutigams und sprechen Sie: »Im Namen des Vaters und des Sohnes und des Heiligen Geistes«.

31. Die Braut nimmt den Ring, steckt ihn dem Bräutigam an und spricht:

Braut: Im Namen des Vaters und des Sohnes und des Heiligen Geistes.

BESTÄTIGUNG DER VERMÄHLUNG

32. KP wendet sich an die Brautleute und spricht zu ihnen:

Reichen Sie nun einander die rechte Hand.

33. KP legt die Stola um die ineinander gelegten Hände. KP und EP legen ihre rechte Hand nebeneinander auf die Hände der Brautleute.

EP spricht:

Gott, der Herr, hat Sie als Mann und Frau verbunden. Er ist treu. Er wird zu Ihnen stehen und das Gute, das er begonnen hat, vollenden.

KP spricht:

Im Namen Gottes und seiner Kirche bestätige ich den Ehebund, den Sie geschlossen haben.

34. KP wendet sich an die Trauzeugen/Trauzeuginnen und an die übrigen Versammelten und spricht:

Sie aber (N. und N. [die Trauzeugen])
und alle, die zugegen sind,
nehme ich zu Zeugen dieses heiligen Bundes.
»Was Gott verbunden hat,
das darf der Mensch nicht trennen.« (Matthäus 19,6)

FEIERLICHER TRAUUNGSSEGEN

35. Nun werden die Brautleute feierlich gesegnet. Der Trauungssegen wird von KP und EP abwechselnd gesungen oder gesprochen. Der Text ist zweimal abgedruckt: einmal ohne Noten und einmal mit Noten.

36. Für den Trauungssegen stehen zwei Texte zur Auswahl: Form A und Form B.
Die Worte in eckigen Klammern entfallen, wenn es die Umstände, zum Beispiel das Alter der Brautleute, nahelegen.

37. KP lädt alle Versammelten mit folgenden Worten zum Gebet für die Brautleute ein:

A

KP: Laßt uns beten, Brüder und Schwestern,
zu Gott, unserem Vater,
daß er N. und N. (Bräutigam und Braut)
mit der Fülle seines Segens beschenke.

Es folgt eine Gebetsstille. Dann breitet KP die Hände aus (Orantenhaltung) und spricht:

Wir preisen dich, Gott, unser Schöpfer,
denn im Anfang
hast du alles ins Dasein gerufen.
Den Menschen hast du erschaffen als Mann und Frau
und ihre Gemeinschaft gesegnet.
Einander sollen sie Partner sein
und ihren Kindern Vater und Mutter.
Wir preisen dich, Gott, unser Herr,
denn du hast dir ein Volk erwählt
und bist ihm in Treue verbunden;
du hast die Ehe zum Abbild deines Bundes erhoben.
Dein Volk hat die Treue gebrochen,
doch du hast es nicht verstoßen.

EP breitet die Hände aus (Orantenhaltung) und betet weiter:

Den Bund hast du in Jesus Christus erneuert
und in seiner Hingabe am Kreuz
für immer besiegelt.
Die Gemeinschaft von Mann und Frau
hast du so zu einer neuen Würde erhoben
und die Ehe als Bund der Liebe
und als Quelle des Lebens vollendet.
Wo Mann und Frau in Liebe zueinander stehen

und füreinander sorgen,
einander ertragen und verzeihen,
wird deine Treue zu uns sichtbar.

KP streckt seine Arme über die Brautleute aus (Segenshaltung) und betet weiter:

So bitten wir dich,
menschenfreundlicher Gott,
schau gütig auf N. und N.,
die vor dir knien (stehen)
und deinen Segen erhoffen.

Dein Heiliger Geist
schenke ihnen Einheit
und heilige den Bund ihres Lebens.
Er bewahre ihre Liebe in aller Bedrohung;
er lasse sie wachsen und reifen
und einander fördern in allem Guten.

Hilf ihnen,
eine christliche Ehe zu führen
und Verantwortung in der Welt zu übernehmen;
verleihe ihnen Offenheit für andere Menschen
und die Bereitschaft, fremde Not zu lindern.

EP streckt die Arme aus über die Brautleute (Segenshaltung) und betet weiter:

(Schenke ihnen das Glück,
Vater und Mutter zu werden,
und hilf ihnen,
ihre Kinder christlich zu erziehen.)

Gewähre ihnen Gesundheit und Lebensfreude
bis ins hohe Alter,
schenke ihnen Kraft und Zuversicht
in Not und in Krankheit.
Am Ende ihres Lebens
führe sie in die Gemeinschaft der Heiligen,
zu dem Fest ohne Ende,
das du denen bereitest, die dich lieben.

KP beschließt das Segensgebet:

Darum bitten wir
durch Jesus Christus, deinen Sohn,
unsern Herrn und Gott,
der in der Einheit des Heiligen Geistes
mit dir lebt und herrscht in alle Ewigkeit.
Alle: Amen.

(Fortsetzung → Nr. 38, S. 57)

KP:

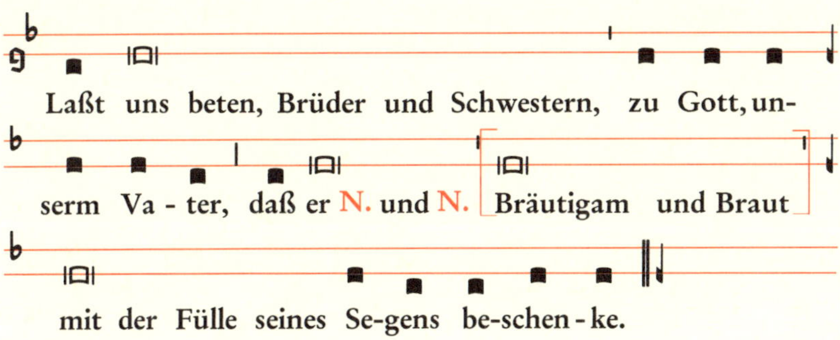

Es folgt eine Gebetsstille.

Dann breitet KP die Hände aus (Orantenhaltung) und singt:

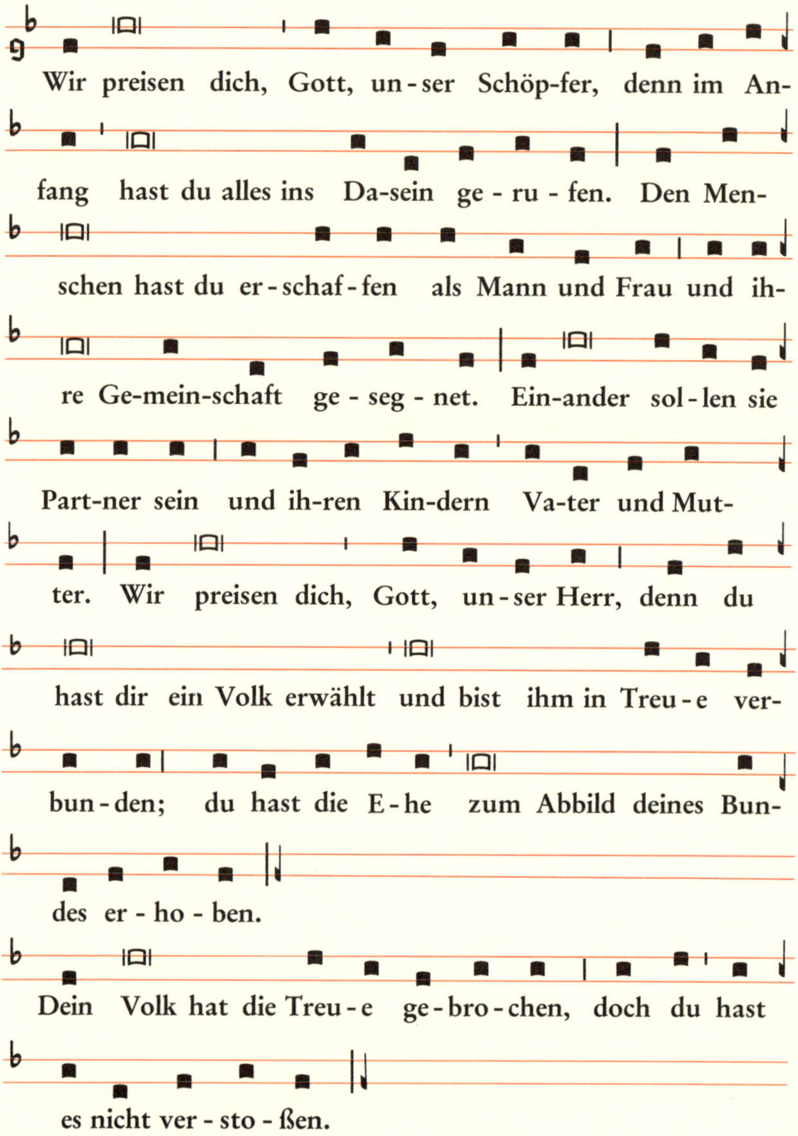

EP breitet die Hände aus (Orantenhaltung) und betet weiter:

KP streckt seine Arme über die Brautleute aus (Segenshaltung) und betet weiter:

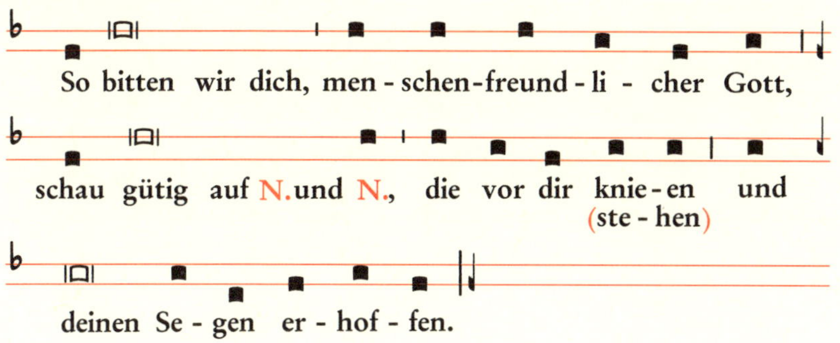

EP streckt die Arme aus über die Brautleute (Segenshaltung) und betet weiter:

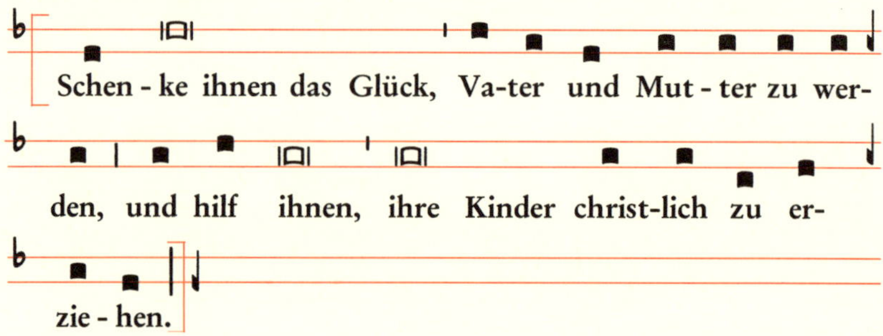

KP beschließt das Segensgebet:

(Fortsetzung → Nr. 38, S. 57)

B

KP: Laßt uns beten, Brüder und Schwestern,
zu Gott, unserem Vater,
und ihn um seinen Segen bitten für dieses Brautpaar.
Er möge mit seiner Hilfe immer bei ihnen sein,
die er heute vereint im heiligen Ehebund.

Es folgt eine Gebetsstille. Dann breitet KP die Hände aus (Orantenhaltung) und spricht:

Heiliger Vater, Schöpfer der Welt,
du hast Mann und Frau
nach deinem Bilde geschaffen
und ihre Gemeinschaft gesegnet.
Wir bitten dich für N. und N.,
die sich hier im Sakrament der Ehe verbinden.

KP streckt seine Arme über die Brautleute aus (Segenshaltung):

Dein reicher Segen, Herr,
komme herab auf Bräutigam und Braut,
und die Kraft des Heiligen Geistes
stärke ihre Liebe zueinander.
(Laß sie mit Kindern gesegnet sein
zu ihrer Freude
und zur Freude deiner Kirche.)

EP streckt die Arme über die Brautleute aus (Segenshaltung) und betet weiter:

Gib ihnen die Gnade, daß sie in frohen Tagen dich loben,
bei dir Trost finden in der Trauer,

deine Hilfe spüren in der Not
und bei all ihrem Tun deine Nähe erfahren.
Steh ihnen bei,
damit sie dir in der Gemeinschaft der Kirche danken
und in der Welt Zeugnis für dich geben.
Gib ihnen ein erfülltes Leben
mit ihren Verwandten und Freunden
und führe sie nach dieser Zeit zum ewigen Hochzeitsmahl.

KP beschließt das Segensgebet:

Darum bitten wir durch Jesus Christus, deinen Sohn,
unsern Herrn und Gott,
der in der Einheit des Heiligen Geistes
mit dir lebt und herrscht in alle Ewigkeit.
Alle: Amen.

(Fortsetzung → Nr. 38, S. 57)

KP:

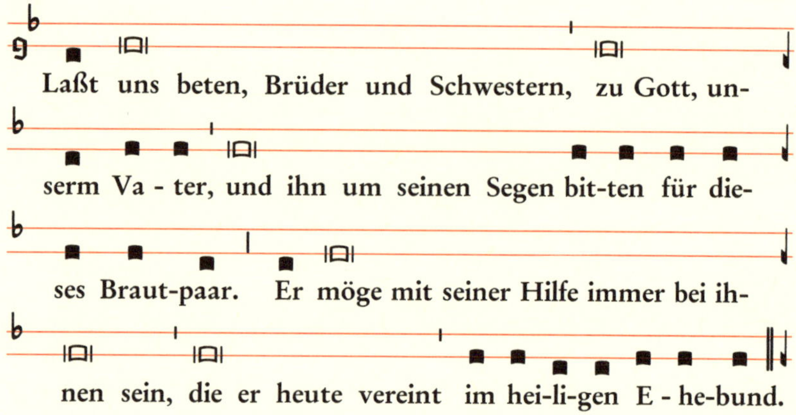

Es folgt eine Gebetsstille.
Dann breitet KP die Hände aus und singt:

KP streckt seine Arme über die Brautleute aus (Segenshaltung):

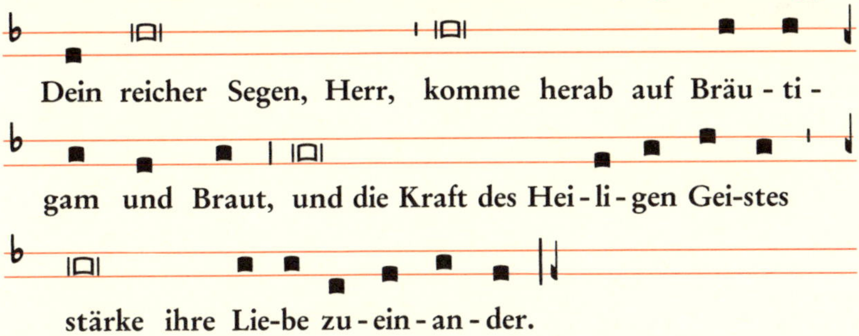

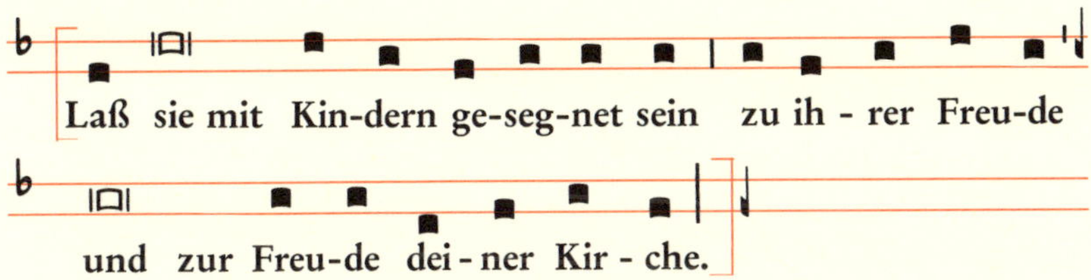

EP streckt seine Arme über die Brautleute aus (Segenshaltung) und betet weiter:

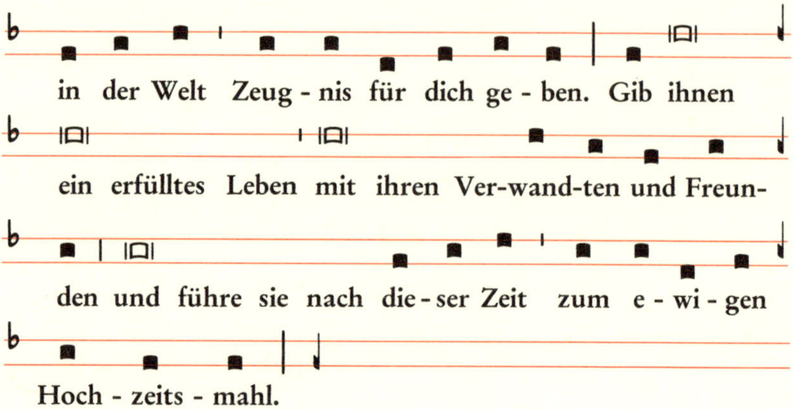

KP beschließt das Segensgebet:

LIED DER GEMEINDE

38. Dem Feierlichen Trauungssegen können Gesang, Orgelspiel oder Instrumentalmusik folgen.

FÜRBITTEN

39. In den Fürbitten betet die versammelte Gemeinde für das Brautpaar, dessen Familien, (verstorbene) Angehörige, Freunde und für alle Eheleute und Familien. Doch soll auch bei dieser Feier in den Anliegen der Kirche, für das Heil der Welt und alle Notleidenden gebetet werden.
Der folgende Text ist als Beispiel gedacht; die Brautleute können an der Vorbereitung der Fürbitten beteiligt werden. Die einzelnen Bitten können von verschiedenen Gemeindemitgliedern gesprochen werden.

A

KP leitet das Fürbittengebet ein:

Lasset uns beten zu Gott, von dem alle Liebe im Himmel und auf Erden stammt:

– für N. und N.,
  daß sie unter deinem Schutz zu einer glücklichen Familie heranwachsen,
  daß ihre Liebe durch all die Jahre ihres Lebens zunimmt,
  daß sie auch in schwierigen Entscheidungen zueinander stehen und sich von dir führen lassen.

Vorbeter/in: Gott, unser Vater. – Alle: Wir bitten dich, erhöre uns.

– für ihre Eltern, ihre Familien und für alle, die ihnen in Freundschaft verbunden sind,
  daß du sie in gegenseitiger Liebe und Dankbarkeit erhältst;

– für alle, die sich einmal das Jawort gegeben haben,
  daß sie in Freud und Leid zusammenstehen und miteinander die Lasten des Lebens tragen;
– für die Eheleute, die es schwer miteinander haben und sich fremd geworden sind,
  daß sie nicht aufhören, einander in Geduld zu suchen, und daß sie immer wieder den Mut zu einem neuen Anfang finden;
– für die christlichen Kirchen,
  daß sie auf der Suche nach der Einheit nicht ermüden und wetteifern im Dienst an den Menschen.

KP schließt das Fürbittengebet ab:

Herr, unser Gott, es ist dein Werk, daß es in der Welt Liebe gibt und daß Menschen in Liebe zueinanderfinden. Wir bitten dich, öffne unser Herz immer wieder für die Liebe, die du uns in Jesus Christus erwiesen hast, der mit dir und dem Heiligen Geist lebt in alle Ewigkeit.
Alle: Amen.

B

KP leitet das Fürbittengebet ein:

Im Namen unseres Herrn Jesus Christus versammelt, wenden wir uns voll Vertrauen an unseren Fürsprecher beim Vater im Himmel:
– Wir bitten für N. und N., die sich in der Ehe einander anvertrauen, daß sie in Treue feststehen und in Liebe füreinander da sind.

Vorbeter/in: Herr, erhöre uns. – Alle: Erhöre uns, o Herr.

- Wir bitten für alle Ehepaare, daß sie die Liebe des anderen nie als selbstverständlich ansehen, sondern immer neu als Geschenk verstehen.
- Wir bitten für die verschiedenen Generationen – für Kinder, Eltern und Großeltern –, daß sie offen sind füreinander, die Eigenheiten jeden Lebensalters achten und einander beistehen.
- Wir bitten für unsere Gemeinden, daß sie Geborgenheit und Hilfe bieten für die Brautleute, die Familien, die Alleinerziehenden und die Alleinstehenden.
- Wir bitten für die getrennten Kirchen, daß sie nicht müde werden, in Liebe und Geduld nach der Einheit zu suchen und allen Menschen Jesus Christus glaubhaft zu bezeugen.

KP schließt das Fürbittengebet ab:

Denn in deinem Kommen, Herr Jesus Christus, hat Gott uns seine Treue erwiesen. Durch dich preisen wir den Vater in der Einheit des Heiligen Geistes, jetzt und in Ewigkeit.
Alle: Amen.

GEBET DES HERRN

40. Auf die Einladung von EP singen oder sprechen nun alle gemeinsam das Gebet des Herrn.
EP kann dazu mit folgenden oder ähnlichen Worten einladen:

Laßt uns alle gemeinsam
zu Gott, unserem Vater, beten,
wie unser Herr Jesus Christus
uns zu beten gelehrt hat:

Alle: Vater unser im Himmel.
Geheiligt werde dein Name.
Dein Reich komme.
Dein Wille geschehe,
wie im Himmel so auf Erden.
Unser tägliches Brot gib uns heute.
Und vergib uns unsere Schuld,
wie auch wir vergeben unsern Schuldigern.
Und führe uns nicht in Versuchung,
sondern erlöse uns von dem Bösen.
Denn dein ist das Reich und die Kraft
und die Herrlichkeit in Ewigkeit. Amen.

LIED DER GEMEINDE

41. Danach kann die Gemeinde ein Lied singen. An seine Stelle kann auch geeignete Musik treten.

SCHLUSSGEBET

42. Hier kann sich KP den Brautleuten mit einem kurzen geistlichen Wort zuwenden.
KP spricht das Schlußgebet. Er kann den Text frei auswählen oder folgendes Gebet sprechen:

Wir danken dir, guter Gott, für diese Stunde, in der du N. und N. als Mann und Frau für immer verbunden hast. Bleibe bei ihnen. Begleite sie auf ihrem Weg. Sei du im Dunkeln ihr Licht, in der Mühe ihre Kraft, in der Erschöpfung ihre Rast und alle Tage ihr Ziel, in dem sie das Glück und den Frieden finden. Darum bitten wir durch Christus, unseren Herrn.
Alle: Amen.

ABSCHLUSS

ÜBERREICHUNG VON GABEN

43. Nach örtlichem Brauch können vor dem Abschluß der Feier Brot, Salz, Wein und Kerzen für die Hochzeitstafel oder ein Kreuz, eine Bibel oder ein anderes passendes Geschenk den Neuvermählten überreicht werden.

SCHLUSSSEGEN

44. KP spricht:
Gott, der allmächtige Vater, bewahre euch in seiner Liebe, und der Friede Christi wohne stets in eurem Hause.
(Alle: Amen.)
Gott segne euch (in euren Kindern) alle Tage eures Lebens; er gebe euch treue Freunde und den Frieden mit allen Menschen.
(Alle: Amen.)
Seid in der Welt Zeugen der göttlichen Liebe und hilfsbereit zu den Armen und Bedrückten, damit sie euch einst in den ewigen Wohnungen empfangen.
(Alle: Amen.)

KP und EP erheben die Hände, sprechen gemeinsam und machen das Kreuzzeichen:
Es segne und behüte euch alle der allmächtige Gott, + der Vater und der Sohn und der Heilige Geist.
Alle: Amen.

KP singt:

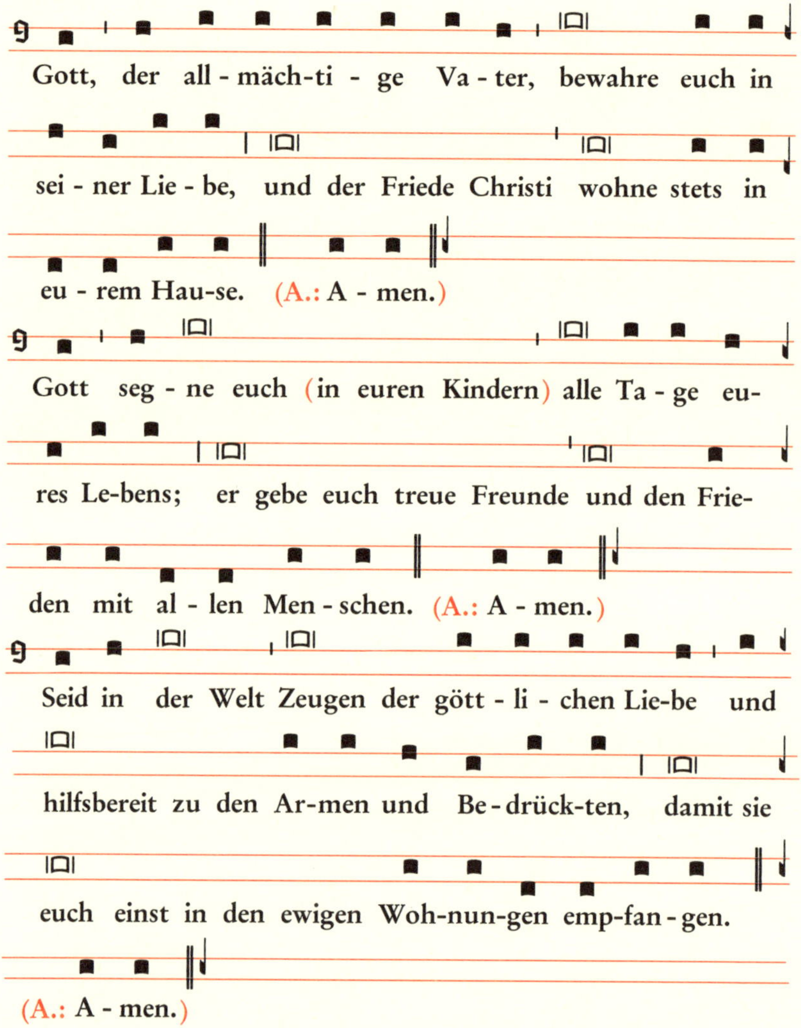
Gott, der all - mäch-ti - ge Va - ter, bewahre euch in
sei - ner Lie - be, und der Friede Christi wohne stets in
eu - rem Hau-se. (A.: A - men.)
Gott seg - ne euch (in euren Kindern) alle Ta - ge eu-
res Le-bens; er gebe euch treue Freunde und den Frie-
den mit al - len Men - schen. (A.: A - men.)
Seid in der Welt Zeugen der gött - li - chen Lie-be und
hilfsbereit zu den Ar-men und Be - drück-ten, damit sie
euch einst in den ewigen Woh-nun-gen emp-fan - gen.
(A.: A - men.)

KP und EP erheben die Hände, singen gemeinsam und machen das Kreuzzeichen:

ENTLASSUNG

45. Die Feier kann mit einem Entlassungsruf des KP schließen:

Gehet hin in Frieden. (Halleluja, Halleluja.)

Alle: Dank sei Gott, dem Herrn. (Halleluja, Halleluja.)

AUSZUG

46. KP und EP können die Neuvermählten zum Portal geleiten und dort ihnen sowie den Angehörigen ihre Glückwünsche aussprechen. Der Auszug kann von festlicher Musik begleitet werden.

Auswahl von Perikopen

Gen./1. Mose **1**,26a.27–28a.31a
Gen./1. Mose **2**,18–24
Gen./1. Mose **24**,48–51.58–67b
Hld. **2**,8–10.14.16a; **8**,6.7
Tob. **7**,10–20 (Lutherbibel),
7,6–14 (Einheitsübersetzung)
Tob. **8**,4–10 (Lutherbibel),
8,4b–8 (Einheitsübersetzung)
Sir. **26**,1–4.16–24 (Lutherbibel),
26,1–4.13–16 (Einheitsübersetzung)
Mt. **7**,24–27
Mt. **19**,3–6
Mt. **22**,35–40

Joh. **2**,1–11
Joh. **15**,9–12
Joh. **17**,20–26
Röm. **12**,9–18
Röm. **15**,2–3a.5–7.13
1. Kor. **12**,31–**13**,8a
Eph. **4**,1–6.15
Eph. **5**,1.2a.21.[22–24].25–33
Kol. **3**,12–17

1. Petr. **3**,1–9
1. Joh. **3**,18–24
1. Joh. **4**,7–12
Offb. **19**,1.5–9a

Auswahl von ökumenischen Liedern

	GL	EG	(EKG)
Das ist ein köstlich Ding	271	285	–
Freuet euch im Herren allewege	–	239	–
Großer Gott, wir loben dich	257	331	–
Herr, vor dein Antlitz treten zwei	–	238	–
Jesu, geh voran	–	391	(274)
Lobe den Herren, den mächtigen König	258	316	(234)
Lobet den Herren, alle die ihn ehren	671	447	(347)
Nun danket all und bringet Ehr	267	322	(231)
Nun danket alle Gott	266	321	(228)
Nun jauchzt dem Herren, alle Welt	474	288	(187)
Nun lobet Gott im hohen Thron	265	–	–
Wohl denen, die da wandeln	614	295	(190)